Petra Stamer-Brandt

55 TIPPS...

wenn Ihr Kind Selbstvertrauen braucht

CHRISTOPHORUS

55 TIPPS...

wenn Ihr Kind Selbstvertrauen braucht

Selbstvertrauen macht stark

Sie kennen es aus eigener Erfahrung: Wenn Sie sich sicher fühlen, glauben, dass nichts schief gehen kann, dass Sie von allen akzeptiert werden, dann gelingt Ihnen einfach fast alles. Unsicherheit hingegen, ständiger Zweifel an den eigenen Fähigkeiten bewirken genau das Gegenteil. Plötzlich geht alles daneben, die schlimmsten Befürchtungen werden Wirklichkeit. Auch Ihr Kind kennt solche Situationen. Die Mutter von Felix traut ihm zu, dass er allein den Weg zum Bäcker findet und dort Brötchen und eine Zeitung kauft. Sie hat ihn oft zum Einkaufen mitgenommen, ihm den Weg erklärt und er hat auch schon einmal ganz allein bestellt und bezahlt. Das ist ihm gut gelungen und seine Mutter war stolz auf ihn. Nun kann es Felix mit neuen Herausforderungen gar nicht mehr schnell genug gehen. Mamas Lob beflügelt ihn geradezu.

Selbstvertrauen ist das „Zauberwort", das hilft, Kinder stark und selbstbewusst werden zu lassen. Beim Aufbau eines gesunden Selbstwertgefühls können Sie wertvolle Hilfe leisten, denn Sie sind als Eltern sind richtungsweisend, weil Sie das Kind in den ersten Lebensjahren prägen, weil Sie Vorbilder sind und Ihrem Kind auch ein Bild von sich selbst vermitteln. Das Kind, das in der Familie schon erfährt, das die Eltern es lieben und schätzen, dieses Kind kann an Selbstvertrauen gewinnen. Wer allerdings ständig Misserfolge erlebt, ständig kritisiert und getadelt wird, empfindet sich selbst auch schnell als minderwertig. Ein Kind mit Selbstvertrauen hingegen, hat die Grundlage, um darauf andere Fähigkeiten, die für das Leben wichtig sind, aufzubauen. Das Kind kann:

- einfühlsam mit sich und anderen Menschen umgehen,
- die eigenen Fähigkeiten und Schwächen einschätzen und kompetent damit umgehen,
- sich anderen gegenüber, wenn es notwendig ist, mit den richtigen Mitteln und Worten durchsetzen,
- mit Enttäuschungen fertig werden,
- Unabhängigkeit und Selbstständigkeit erlangen,
- Konflikte aushalten und selbstständig regeln,
- mit anderen Menschen zusammen arbeiten und ihnen helfen, mit ihnen kooperieren.

Was Sie als Eltern tun können ist, Situationen zu schaffen, Spielanregungen und Impulse zu geben, die dazu dienen, Ihrem Kind Selbstvertrauen zu vermitteln. Dabei gilt es für Sie, drei Grundsätze zu beachten:

- Es ist sinnvoll, die Stärken Ihres Kindes zu betonen.
- Positive Verstärkung/Rückmeldung ist hilfreicher als Tadel, Strafen und Kritik.
- Gemeinsam aufgestellte Regeln erleichtern das Zusammenleben für alle.

1. Ihr Kind ist einzigartig

Jeder Mensch macht im Laufe seines Lebens die Erfahrung, dass er sich von anderen unterscheidet. Das macht die Menschen unverwechselbar und interessant. Würden alle Menschen gleich aussehen und sich ähnlich verhalten, könnte Zusammenleben nicht mehr funktionieren und Weiterentwicklung wäre nicht mehr möglich.

Die Einzigartigkeit eines jeden Menschen ist also eine große Chance. Versuchen Sie deswegen nicht, Ihr Kind in ein uniformes Korsett zu zwängen, sondern unterstützen Sie es, wenn es sein „Ich" entdeckt. Und unterstreichen Sie deutlich, wie schön es ist, dass Ihr Kind sich von anderen Kindern unterscheidet. Suchen Sie ganz bewusst nach Unterschieden und betonen Sie auch bei Verhaltensweisen, die Sie vielleicht zunächst als störend empfinden, die positiven Aspekte: „Mein Kind ist ein Zappelphilipp" kann auch bedeuten: „Mein Kind will alles von der Welt erfahren, es ist neugierig" oder „Mein Kind hat unerschöpfliche Energien" oder „Mein Kind ist bewegungsfreudig". Fördern Sie Ihr Kind nach allen Kräften, dass es von sich selbst ein positives Bild bekommt. Stärken Sie das Selbstwertgefühl Ihres Kindes und helfen Sie ihm dabei Selbstvertrauen und eine eigene Identität zu entwickeln.

Tipp 1

ICH SCHAU IN DEN SPIEGEL ...

Kinder sind neugierig auf sich selbst, deswegen schauen sie sich leidenschaftlich gerne im Spiegel an. Diese Neugier dürfen Sie gerne unterstützen und für Ihr Kind viele unterschiedliche Spiegel bereithalten: große und kleine Handspiegel, Badezimmerspiegel, die in Kinderhöhe hängen, und Spiegel, in denen das Kind ganz zu sehen ist. Nun kann Ihr Kind sich genau betrachten und sich sogar in die Augen schauen. Dabei entdeckt es seine Einzigartigkeit:

- Ich habe eine kleine Stupsnase, die der meiner Mutter ähnelt, aber trotzdem anders ist,
- ich kann mit der Stirn runzeln und Grimassen schneiden,
- meine Frisur lässt sich verändern,
- ich habe hübsche blaue Augen wie mein Vater und
- einen Mund mit leicht vorstehenden Zähnen wie sonst niemand in der Familie.

Tipp 2

FOTOSESSION

Machen Sie eine Reihe Porträtfotos von Ihrem Kind. Fotografieren Sie es, wenn es ein wütendes Gesicht macht, wenn es fröhlich in die Kamera lacht, wenn es bockig aussieht oder schüchtern schaut. Die Fotos bekommen einen würdigen Platz im Wohn- oder Kinderzimmer und werden gemeinsam angeschaut. Wenn Sie auch noch von sich, Geschwistern und Freunden der Kinder Fotos machen, können Sie die vergleichen: Stellen Sie Gemeinsamkeiten und Unterschiede fest.

Tipp 3

FOTOALBUM ANSCHAUEN

Kinder schauen sich mit großer Freude Fotoalben an. Ergreifen Sie doch einmal die Initiative, holen Sie ein paar längst vergessene Alben hervor und betrachten Sie gemeinsam mit Ihren Kindern alte Fotos aus Ihren Kindertagen, aus der Babyzeit der inzwischen stark gewachsenen Kinder und aktuelle Fotos. Es macht Spaß, Vergleiche zu ziehen, festzustellen, wie groß die Kinder geworden sind und viele andere Veränderungen wahrzunehmen. Ihr Kind erfährt so auch, dass Sie über sich selbst lachen können, dass Sie einige Bilder von sich schön finden und andere nicht so. Sie haben Gelegenheit, Ihrem Kind zu erzählen, wie sehr es Ihnen gefällt und was Ihnen besonders gefällt. Erklären Sie bei Fotos, auf denen Ihr Kind sich vielleicht nicht so mag, was Ihnen da bei Ihrem Kind besonders gut gefällt.

Tipp 4

HAND- UND FUSS-ABDRÜCKE

Besorgen Sie einen Pappdeckel, z.B. vom Schuhkarton und etwas Gips aus dem Baumarkt. Der Gips wird nach Anleitung angerührt und in den Deckel gegossen. Sie und Ihr Kind cremen sich, während der Gips fest wird, die Hände und Füße gut mit einer Fettcreme ein und drücken dann die Hände und später auch die Füße in den fast fest gewordenen Gips. Ist der Gips fest, lässt er sich leicht aus dem Deckel lösen.
Kleben Sie dann einen Aufhänger aus dem Bastelgeschäft hinter das Bild und hängen Sie es an eine Wand. So ein Abdruck kann an die eigene Wand gehängt oder einem Verwandten oder Bekannten geschenkt werden.

Tipp 5

SO SEHE ICH AUS

Schneiden Sie von einer großen Tapetenrolle ein Stück Papier ab, das so groß ist wie Ihr Kind. Nun legt sich Ihr Kind auf das Tapetenstück und Sie malen mit einem Filzstift die Umrisse nach. Ihr Kind malt das Bild aus. Sie können einen großen Spiegel bereithalten, damit Ihr Kind immer mal wieder überprüfen kann: Wie sieht mein Mund aus, wie groß ist die Nase…? Es malt seine Lieblingskleidung und entwirft vielleicht eine neue Traumfrisur. Das Bild wird dann ausgeschnitten und aufgehängt.

Tipp 6

DU BIST DU

Schlüpfen Sie einmal in die Rolle eines Clowns. Verkleiden Sie sich ein bisschen oder malen Sie sich an. Verwickeln Sie Ihr Kind in ein Gespräch. Der „Clown" erkundigt sich beispielsweise nach den wunderschönen blauen Augen und bewundert die tolle Singstimme des Kindes. Er fragt, warum sich das Kind nicht so gerne bewegen mag und ob es noch einen weiteren Vornamen hat.

Sprechen Sie anschließend mit Ihrem Kind über seine Besonderheiten und darüber, wie sehr es Sie freut, dass Ihr Kind so ist, wie es ist.

Tipp 7

WAS MACHST DU?

Setzen Sie sich mit Ihrem Kind zusammen und besprechen Sie, wie Sie in verschiedenen Situationen reagieren. Zunächst einmal geben Sie ein paar Situationen vor:

- Du stehst im Supermarkt an der Kasse und jemand drängelt sich einfach vor. Was machst du?
- Du hast dir deinen Nachtisch für den Abend aufbewahrt, kommst vom Spielen und der Nachtisch ist weg. Was machst du?
- Du wünscht dir zum Geburtstag eine lebendige Katze und bekommst eine aus Stoff. Was machst du?
- Du hast ein schönes Bild gemalt und deinen Eltern geschenkt und die beachten es gar nicht. Was machst du?

Erklären Sie Ihrem Kind auch, wie Sie in solchen Situationen reagieren würden oder schon mal reagiert haben. Wenn Ihr Kind mag, kann es sich selbst Situationen ausdenken und Sie fragen: Was machst du?

Tipp 8

GEFÜHLSMASKEN

Besorgen Sie zwei Pappteller. Auf einen Teller malt Ihr Kind zwei Augen und eine Nase. Dann schneidet es ein Viertel des Tellers weg. Auf den zweiten Teller werden vier verschiedene Münder an vier verschiedenen Stellen gemalt. Dann wird der zweite Teller hinter den ersten mit einer Briefklammer in der Mitte zusammengesteckt. Dreht man jetzt am hinteren Teller, erscheint immer ein anderer Mund im ausgeschnittenen Teil des oberen Tellers. Das Gesicht erhält immer wieder einen anderen Ausdruck: mal ist es traurig, mal fröhlich, mal ernst.

Sie können jetzt eine Geschichte erzählen, vielleicht eine aus dem eigenen Leben oder eine erfundene Geschichte. Ihr Kind zeigt mit Hilfe der Gefühlsmaske das zur Situation passende Gesicht. Zum Beispiel: Du stehst morgens auf und musst dich sehr beeilen, denn ich habe dich zu spät geweckt. Zum Frühstück gibt es heute Obstsalat und Nutellabrötchen. Deine Lieblingshose ist leider noch in der Wäsche, aber dein Bruder leiht dir eine Hose. Im Kindergarten ist es heute sehr langweilig. Deine beste Freundin ist krank. Deine Mama will mit dir in den Zoo gehen etc.

Tipp 9

VERWÖHNSPIEL

Sammeln Sie mit Ihrem Kind Gegenstände, die sich gut auf der Haut anfühlen wie Federn, glatte Steine, Tücher, Schwämme. Breiten Sie nun eine Decke auf dem Boden aus, auf der Ihr Kind es sich gemütlich macht. Nun legen Sie eine Musik zum Entspannen auf. Versuchen Sie es ruhig einmal mit etwas Klassik, z.B. Mozart oder Vivaldi. Nun verwöhnen Sie Ihr Kind mit ein paar Streicheleinheiten. Streichen Sie mit einer Feder zart über die Arme, lassen Sie einen weichen Schwamm über das Gesicht gleiten und einen glatten Stein über den Bauch kullern. Ihr Kind sagt, was ihm angenehm ist, was fortgeführt oder abgebrochen werden soll. Tauschen Sie dann die Rollen. Dabei erlebt Ihr Kind, dass jeder Mensch andere Dinge bevorzugt.

Tipp 10

ICH HABE VIELE NAMEN

Selbstverständlich hat Ihr Kind nur einen richtigen Namen. Dieser Name wurde von Ihnen sorgfältig ausgesucht und wahrscheinlich mögen Sie und Ihr Kind diesen Namen besonders gerne. Trotzdem haben fast alle Menschen noch weitere Namen: Zweitnamen, Kosenamen, Namen, die Verwendung finden, wenn die Eltern missmutig sind, Schimpfnamen. Es kann ganz sinnvoll sein, wenn Sie sich mit Ihrem Kind über die verschiedenen Namen unterhalten. Wann sagen Mama und Papa „Schätzchen" zu dir? Welchen Namen wählt Opa, wenn er dir zeigen will, dass er stolz auf dich ist? Wie nennen deine Freunde dich? Wie nenne ich dich, wenn ich wütend auf dich bin? Welchen Namen hörst du am liebsten und warum ist das so? Welcher „Name" gefällt dir überhaupt nicht und warum gefällt er dir nicht? Was kannst du tun, damit dich alle Menschen so nennen, wie es dir gefällt?

Tipp 11

DAS-ICH-BIN-ICH-POSTER

Ihr Kind bekommt einen großen Bogen Papier, Filz- oder Buntstifte, Klebstoff, Schere, alte Kataloge und Illustrierte. Nun kann es ein Poster anfertigen, auf dem alles aufgemalt oder geklebt wird, was es gerne hat. Das Lieblingsessen, das Lieblingsspielzeug, das schönste Kleid, das Lieblingstier etc.

2. Ihr Kind kann Schüchternheit überwinden

Ein stabiles Selbstwertgefühl entwickelt sich erst im Laufe der Jahre, man wird nicht damit geboren. Wenn Ihr Kind also etwas schüchtern ist, versuchen Sie das zu akzeptieren. Es ist ganz normal, dass Kinder und auch viele Erwachsene auf unbekannte Situationen und fremde Menschen zunächst einmal mit Zurückhaltung reagieren. Das ist sogar gut so, denn dieses Verhalten schützt uns vor vorschnellen und falschen Entscheidungen.

Sie können das Selbstwertgefühl Ihres Kindes stärken, indem Sie es bei der ersten Kontaktaufnahme mit fremden Menschen unterstützen. Das bedeutet aber nicht, dass Sie an Stelle Ihres Kindes reagieren. Begleiten Sie Ihr Kind, bleiben Sie in der Nähe, fragen Sie, wie Sie helfen können.

Laden Sie mit Ihrem Kind gemeinsam ein paar Spielkameraden nach Hause ein, denn im Elternhaus hat Ihr Kind Heimvorteil, weil es sich auskennt und eigene Spielangebote machen kann. Finden Sie heraus, was Ihr Kind besonders gut kann und verschaffen Sie ihm Erlebnisse, in denen es seine Stärke zeigen kann. Es wird an Selbstwertgefühl gewinnen, wenn es immer wieder im Spiel und in der Wirklichkeit erlebt: Ich kann das genauso gut wie die anderen, einige Dinge kann ich besser, andere schlechter. Andere Kinder können auch nicht alles. Die anderen mögen gerne mit mir zusammen sein, zu mir kommen, mit mir spielen.

Tipp 12

ZAUBEREI IM KINDERZIMMER

Zaubereien sorgen für Spannung: sie üben auf Menschen aller Altersgruppen große Faszination aus. Wer möchte nicht hinter die Geheimnisse der Zauberer und Hexen kommen? Alles Geheimnisvolle zieht die Menschen an, wer zaubern kann, kann zumindest für einen kurzen Augenblick, Macht über seine Mitmenschen ausüben und das tut manchmal gut. Zu einem echten Zauber gehören aber auch ein paar wichtige Utensilien wie zum Beispiel der Zauberhut und der Zauberstab.

Für den Zauberhut benötigen Sie zwei Bögen Tonpapier (30x30cm). Lassen Sie Ihr Kind zuerst den Rand des Hutes ausschneiden. Der innere Kreis, der dem Kopfumfang Ihres Kindes entspricht, wird, wie auf der Abb. zu sehen, mehrfach diagonal eingeschnitten. Die Spitzen werden hochgeklappt und später in die Hutspitze geklebt. Aus dem zweiten Bogen Tonpapier wird aus einem Halbkreis eine spitze Tüte geformt, zusammengeklebt und auf den Rand gesetzt. Wer keinen Hexenhut, sondern einen Zaubererzylinder gestalten möchte, formt einen Zylinder und setzt ihn auf den Hutrand. Der braucht dann aber einen Deckel, der aus einem weiteren Kreis geschnitten wird.

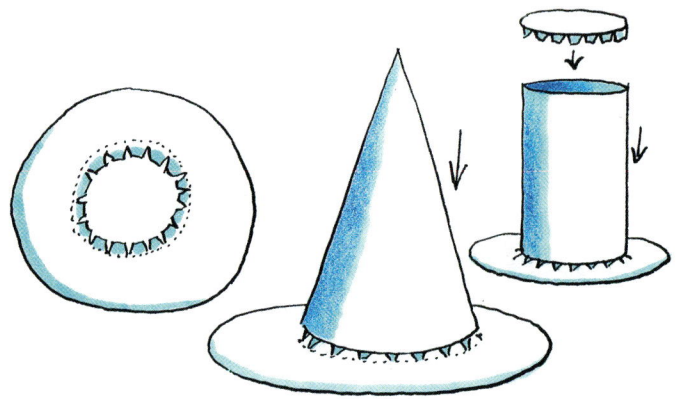

Tipp 13

ZAUBERWASSER

Mit ein paar kleinen Tricks kann man andere Menschen beeindrucken und schnell Kontakt bekommen. Durch Zaubereien können gerade zurückhaltende Kinder ein bisschen Anerkennung erhalten.
Das Zauberwasser wird so hergestellt: Ihr Kind füllt einen Löffel Backpulver und ein paar Tropfen farbige Lebensmittelfarbe in ein kleines Glas. Wenn es jetzt Essig darauf gießt, beginnt das Gebräu zu schäumen und aus dem Glas zu quellen. Diese Prozedur muss natürlich von einem zünftigen Zauberspruch begleitet werden (s. Seite 18).

Tipp 14

DURCH EINE POSTKARTE SCHLÜPFEN

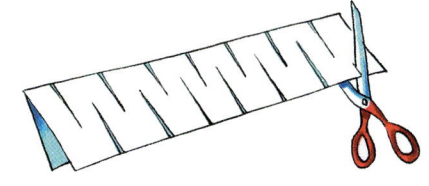

Können Sie durch eine Postkarte steigen? Ihr Kind kann das. Die Postkarte wird in der Mitte gefalzt, ein rundes Loch hineingeschnitten und wie auf der Abbildung zu sehen, abwechselnd von rechts nach links eingeschnitten. Dann wird die Karte auseinandergezogen, ein großes Loch entsteht nun, durch das man schlüpfen kann.

Tipp 15

LUFTBALLONSTECHEN

Ein Luftballon wird mit einer spitzen Nadel zerstochen und platzt dennoch nicht. Ihr Kind hat einen Zaubertrick angewandt: es hat heimlich die Einstichstelle mit einem Stückchen Tesafilm präpariert. Allerdings sollte der Luftballon nach dem Einstich bald effektvoll zertreten werden, weil die Luft mit der Zeit natürlich doch entweicht.

Tipp 16

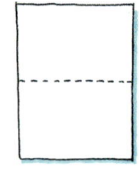 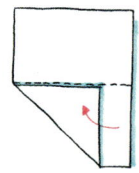 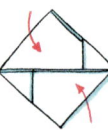 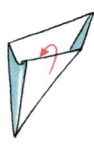

ZAUBERTÜTE

In einer Zaubertüte kann man Dinge verschwinden lassen, z.B. ein Geldstück. Die Zaubertüte wird gefaltet. Das können bereits Kindergartenkinder. Wer noch nie gefaltet hat, benötigt etwas Hilfe.

1. Das rechteckige Papier in der Mitte falten und wieder aufklappen.
2. Alle vier Ecken, von links unten beginnend, zur Mittellinie falten.
3. Das Quadrat an der Mittellinie zum Dreieck falten.

4. Die beiden in der Mitte liegenden Ecken zur Tüte ineinanderstecken. So wird die Tüte stabilisiert.

Nun wird in eine Öffnung der Tüte ein Geldstück gesteckt und die Tüte dann unauffällig gedreht. Jetzt zeigt die zweite Öffnung der Tüte nach oben und die kann problemlos ausgeschüttet werden, das Geldstück ist verschwunden (es sitzt nämlich im anderen Teil der Tüte fest).

Tipp 17

ZAUBERSTAB UND ZAUBERSPRÜCHE

Ihr Kind wird bestimmt großen Spaß daran haben, selbst einen geeigneten Gegenstand zu suchen, der zum Zauberstab umfunktioniert wird. Das kann ein abgesägter Holzlöffel sein, ein einfacher Stock oder eine schmale Pappröhre, wie wir sie vom Faxpapier kennen. Man kann so einen Stab mit Alufolie umwickeln, ihn mit Plakatfarbe und Filzstiften anmalen. Aber der Zauberstab alleine macht natürlich noch keinen

guten Zauberer. Erst der richtige Zauberspruch bewirkt den Zauber. Sie und Ihr Kind können es mit den altbewährten Sprüchen versuchen oder sich selber welche ausdenken. Die selbst ausgedachten Zaubersprüche sind manchmal viel witziger. Besonders das Erfinden macht Spaß.

Hokus-Pokus-Fidibus, 3 x schwarzer Kater.
Hokus-Pokus-Krötenbein, der Zauber, der gelingt jetzt fein!
Hokus-Pokus-Simsalabim!
Hexenhut und Hinkebein, ich werde jetzt…
Krötenschleim und Mäusedreck…

Tipp 18

BEWEGEN/JONGLIEREN

Manche Kinder können wunderschön singen, etwas auf einem Instrument vorspielen
oder lange Gedichte auswendig lernen. Wer
das alles nicht kann, kann auch jonglieren
lernen. Das geht ganz einfach, wenn man
zunächst mit zwei nickytuchgroßen Seiden-
tüchern beginnt. Die bewegen sich langsam
und selbst ein ungeschicktes Kind
kommt damit problemlos zurecht.
Klappt es mit den beiden Tüchern,
wird ein drittes hinzugenommen,
vielleicht später auch ein
viertes. Gelingt auch das,
sollte sich Ihr Kind einmal
an zwei Tennisbälle
wagen. So richtig Spaß
macht das Jonglieren
natürlich erst vor Publikum.
Eine Familienfeier, ein Geburts-
tagsfest oder der Kaffee-
klatsch mit Nachbarn bie-
ten sich dazu an.

Tipp 19

PAPIERTÜTEN-GRUSELMASKE

Mit einer Maske vor dem Gesicht wird jedes schüchterne Kind mutig. Es ist nicht mehr Timm oder Marie, sondern ein mutiges Gruselmonster, dass sich viele Dinge auszusprechen traut. Besorgen Sie einfach eine große braune Obsttüte, die von Ihrem Kind mit Papier-, Woll- und Stoffresten, mit Bändern, Tesakrepp beklebt und anschließend bunt bemalt wird. Der Fantasie Ihres Kindes sind keine Grenzen gesetzt.

Tipp 20

LUFTBALLONTRETEN

Binden Sie sich und Ihrem Kind einen aufgeblasenen Luftballon um das Fußgelenk. Dabei sollte das Band etwas Spiel haben. Nun fassen Sie sich an den Händen und versuchen gegenseitig, den Ballon des anderen zu zertreten. Das Spiel kann natürlich auch mit Freunden und Geschwistern gespielt werden. Für dieses Spiel braucht man Überwindung, Mut und Durchsetzungskraft gegenüber dem Partner. Ein Kind kann so auf spielerische Art seine Schüchternheit überwinden.

Tipp 21

GERÄUSCHE SUCHEN

Sie haben bestimmt einen Kassettenrecor-
der im Haus. Machen Sie Ihr Kind mit der
Technik vertraut und beauftragen Sie es, in
der Wohnung nach Geräuschen zu fahnden
und sie aufzunehmen. Wenn das geschehen
ist und die Geräusche, z.B. vom tropfenden
Wasserhahn, einem laufenden Föhn, der
Toilettenspülung… , aufgenommen worden
sind, spielt Ihr Kind Ihnen die Geräusche
vor und Sie dürfen raten. Wer Erwachsenen solche kniffeligen Aufgaben
stellen kann, ist ganz
schön „stark".

Tipp 22

SCHRITT FÜR SCHRITT SELBSTSTÄNDIG

Jeder Mensch wächst mit seinen Aufgaben. Deswegen ist es wichtig, dass Ihr Kind Schritt für Schritt immer mehr kleine Aufgaben erhält. Besprechen Sie mit Ihrem Kind gemeinsam, was es sich zutraut.

- Ganz alleine zum Einkaufen gehen und erst 1–2 Teile, später auch mehrere Teile aussuchen und bezahlen, auf die richtige Rückgabe des Wechselgeldes achten.
- Alleine eine Zeitung vom Kiosk holen.
- Alleine den Weg zum Kindergarten finden.
- Der Mutter den Weg zu Oma und Opa zeigen: Sie folgen Ihrem Kind und nicht umgekehrt.

- Bei der Auskunft anrufen und eine Telefonnummer erfragen.
- Einen fremden Menschen nach der Uhrzeit oder dem Weg fragen.

3. Ihr Kind kann mitentscheiden

Jeder Mensch tut die Dinge besonders gerne, für die er sich selbst entschieden hat. Wer immer nur tun muss, was andere ihm sagen, entwickelt sich zum kritiklosen Befehlsempfänger oder zur ängstlichen Maus. Kinder können schon früh lernen, eigene Entscheidungen zu treffen. Sie brauchen dafür Vorgaben, die ihrem Alter entsprechen und Entscheidungsbereiche, die sie abwägen können. Wenn Ihr Kind vor einer Tiefkühltruhe steht und das Mittagessen aussuchen soll, wird es von der Menge des Angebotes überfordert sein. Wenn Sie aber fragen: „Möchtest du heute Fischstäbchen oder Kartoffelgratin essen?", kann es eine echte Entscheidung treffen und Sie können beim Essen darauf hinweisen: „Du hast das Essen ausgesucht!" Ihr Kind wird auch kaum in der Lage sein, zu entscheiden, ob die nächste Urlaubsreise nach Mallorca oder Rügen geht, das überfordert seine Vorstellungskraft. Es ist aber durchaus in der Lage, eigenständig zu entscheiden, welches der (vielleicht von Ihnen vorsortierten) Kleidungsstücke es anziehen, wie viel es essen und mit wem es spielen möchte.

Es ist wichtig, dass Kinder erfahren, dass sie wichtig sind und ernst genommen werden. Sie müssen heute früh lernen, sich zwischen verschiedenen Alternativen zu entscheiden. Das können Sie nur, wenn sie rechtzeitig die Gelegenheit erhalten, eigene Interessen zu äußern. Das bedeutet nicht etwa, dass Sie als Mutter oder Vater keine Position beziehen sollen – im Gegenteil. Besprechen Sie unterschiedliche Wünsche und suchen Sie nach einer gemeinsamen, für alle befriedigenden Lösung.

Tipp 23

ICH WEISS, WAS ICH WILL

Bemühen Sie sich, Ihrem Kind möglichst häufig Alternativen anzubieten. Stellen Sie morgens nicht einfach die Müslischale hin, sondern fragen Sie: „Möchtest du heute gerne ein Käsebrötchen oder lieber Obstsalat und Knäckebrot zum Frühstück?" „Ziehst du heute den roten, den blauen oder den grünen Pullover an?" „Möchtest du mit uns (den Eltern) gemeinsam Mittag essen oder magst du schon früher alleine essen?" Fragen Sie nach, warum Ihr Kind die Entscheidung so getroffen hat und gewöhnen Sie sich an, eigene Entscheidungen zu kommentieren.

Tipp 24

ICH WILL NICHT...

Für manche Kinder ist es schwer, eine begründete Absage zu formulieren. Das kann man aber spielerisch üben. Besonders leicht fällt das Kindern, wenn Sie mit einer Handpuppe spielen, die stellvertretend für das Kind die unangenehmen Dinge sagt. Bitten Sie Ihr Kind mit zwei Handpuppen folgende Situationen zu spielen:

- Der Räuber lädt Seppl zum Geburtstag ein, Seppl mag nicht hingehen.
- Tina soll Tom mit ihrem Dreirad fahren lassen. Tina will das nicht.
- Opa will von Anna ein Begrüßungsküsschen. Anna mag Opa nicht küssen.
- Christian soll seinen Teller leer essen. Er erklärt seiner Mutter, warum er das nicht will.
- Marie möchte bei Regen draußen spielen. Ihre Mama will das nicht.
- Gretl und die Prinzessin sollen sich ein feines Kleid anziehen, weil Oma Geburtstag hat. Die beiden wollen sich nicht umziehen.

Tipp 25

UMRÄUMEN

Bieten Sie Ihrem Kind doch einmal die Möglichkeit an, das eigene Zimmer und vielleicht auch bestimmte Möbelstücke der gemeinsamen Wohnung zu verändern. Wer sagt denn, dass Kinder keinen guten Geschmack haben? Durchbrechen Sie einmal bewusst das Motto „nur Erwachsene können Räume ästhetisch gestalten". Manchmal lassen sich auch Möbelstücke (zum Beispiel ein alter Küchenstuhl) künstlerisch aufpeppen, Kühlschränke mit Acrylfarben bemalen, die Eingangstür mit einer Girlande schmücken, Spiegelfliesen in den Flur kleben.

Tipp 26

WOCHENPLAN

Man muss nicht jeden Tag etwas Gemeinsames unternehmen. Aber es ist schön, wenn man an einigen Tagen der Woche verlässliche Fixpunkte hat und genau weiß: Heute macht die ganze Familie etwas gemeinsam. Und natürlich bestimmen nicht Sie allein, was gemacht wird. Jeder darf sich einen Wunsch, der natürlich gemeinsam mit der ganzen Familie abgestimmt wird, erfüllen. Papa möchte ein Fußballspiel seines Vereins ansehen, Mama einen Spaziergang durch den Zoo machen und Paula wünscht sich einen Memoryspielnachmittag.

Tipp 27

FAMILIENRAT

Einmal in der Woche sollte die ganze Familie zusammensitzen und einen Familienrat abhalten. Im Laufe der Woche kann jedes Familienmitglied schon überlegen, was im Familienrat besprochen werden soll. Geleitet wird der Rat jedes Mal von einem anderen Familienmitglied. Auch Fünfjährige können solche Sitzungen schon leiten. 3–4 Punkte können besprochen werden und der Familienrat sollte nicht länger als eine halbe Stunde tagen. Dabei kann alles Mögliche besprochen werden.

- Was gibt es in den nächsten Tagen zum Essen?
- Wer deckt sonntags den Tisch, begießt die Blumen und bringt den Müll raus?
- Was unternehmen wir am Sonntag gemeinsam?
- Warum nimmt Sina ihrer Schwester ständig die Mütze weg?
- Warum muss Arne immer auf seine kleine Schwester aufpassen?
- Wie viel Taschengeld bekommen Hans und Lena?

Tipp 28

ROLLENTAUSCH

Einmal im Monat tauschen Kinder und Erwachsene für ein paar Stunden die Rollen. Die Kinder übernehmen Elternaufgaben und die Eltern schlüpfen in die Rolle der Kinder. Das beginnt schon am frühen Morgen, denn der Wecker klingelt bei Anna, die nun „ihre Kinder" wecken und das Frühstück zubereiten muss. Wählen Sie für den Rollentauschtag am besten einen Samstag oder Sonntag aus und versuchen Sie, das Spiel möglichst ernsthaft zu spielen. Sie dürfen natürlich auch schon mal bockig sein, sollten den „Eltern" aber keine zu großen Schwierigkeiten bereiten und es ihnen nicht „mit gleicher Münze heimzahlen". Es geht vor allen Dingen darum, für beide Seiten Verständnis für die Situation des anderen aufzubringen.

Tipp 29

WAS GEHT NOCH?

Stellen Sie Ihrem Kind unterschiedliche Materialien zur Verfügung, mit denen es verschiedene Dinge tun kann. So lernt es Alternativen kennen und sich zwischen ihnen zu entscheiden.

- Zeitungen: Eine Zeitung kann man lesen, was kann man noch damit machen?
- Plastikmülleimer: Man füllt ihn mit Müll.

Was lässt sich noch mit ihm anfangen?
- Bettlaken: Eigentlich legt man sie über eine Matratze, gibt es noch andere Möglichkeiten?
- 5 handgroße Steine: Sie liegen im Garten. Gibt es einen Verwendungszweck?
- 5 Besenstiele: Hast du eine Spiel- oder Gestaltungsidee?

Tipp 30

FERNSEHPROGRAMM AUSWÄHLEN

Das Fernsehen ist in vielen Familien ein großes Problem. Die Kinder möchten am liebsten wahllos alles sehen, während manche Erwachsene das Fernsehen am liebsten ganz verbieten würden. Handeln Sie mit Ihrem Kind einen Kompromiss aus. Vereinbaren Sie eine Fernsehzeit oder eine bestimmte Anzahl von Programmen. Ihr Kind kann „seine" Sendungen in der Pro-

grammzeitschrift kenntlich machen (den Namen dahinter schreiben) oder Sie geben Spielchips aus. Ihr Kind bekommt 10 Chips und „bezahlt" für jede Sendung (1/2 Std.) zwei Chips. Besprechen Sie unterschiedliche Vorgehensweisen, es gibt sicherlich noch andere Möglichkeiten, um vernünftige Vereinbarungen zu treffen.

Tipp 31

„FÜHRERSCHEIN"

Es gibt bestimmte Geräte im Haushalt, mit denen lässt man die Kinder nicht so gerne hantieren, obwohl sie ungefährlich sind. Lassen Sie Ihr Kind für solche Geräte, z.B. den Videorecorder, die Filmkamera, den Fernseher, Staubsauger inklusive Tütenwechsel oder die Musikanlage, einen „Führerschein" machen. Sie erklären Ihrem Kind genau, wie das Gerät funktioniert, probieren es gemeinsam aus, lassen Ihr Kind ein paar Mal allein die Bedienung übernehmen und geben, wenn es richtig gut klappt, einen Führerschein aus. Der muss natürlich schön aussehen und die besonderen Fähigkeiten Ihres Kindes bescheinigen. Und natürlich darf nur der, der einen Staubsaugerführerschein besitzt, auch einen Staubsauger bedienen.

Tipp 32

ÄMTER

Auch Kinder übernehmen gerne Verantwortung und wachsen an den Aufgaben. Überlegen Sie gemeinsam mit Ihrem Kind, welche wichtigen Aufgaben im Haus es regelmäßig übernehmen möchte. Sie werden staunen, was Ihr Kind schon alles kann: Blumen gießen, den Tisch decken oder abräumen, abwaschen, das Waschbecken sauber machen, die Treppe fegen, den Müll rausbringen, Staub saugen… Und wenn es Ihnen gelingt, auch zu akzeptieren, dass dann nicht alles so aussieht wie bei Ihnen, und Sie das Loben nicht vergessen, wird Ihr Kind die Aufgaben gerne übernehmen und dabei lernen, Verantwortung zu tragen.

Tipp 33

SPEISEPLAN

Besprechen Sie mit Ihrem Kind, was bei der Auswahl eines Speiseplanes wichtig ist. Ihr Kind wird schnell begreifen, dass Obst und Gemüse auf den Speiseplan gehören, eine Süßspeise in der Woche in Ordnung ist, Hülsenfrüchte eine wichtige Rolle spielen und es ausreicht, zweimal in der Woche Fleisch zu essen. Mit diesen Informationen kann Ihr Kind einen Speiseplan für die ganze Woche erstellen und malen. Sie stehen Ihrem Kind natürlich als Ernährungsexpertin dabei zur Seite. Nehmen Sie die Vorschläge, die Ihr Kind macht, aber ernst. Was auf dem Speiseplan steht, wird auch gemacht. Nur so erfährt Ihr Kind: „Meine Hinweise sind wichtig. Was ich wünsche, hat Bedeutung!"

4. Ihr Kind kann eigene Interessen erkennen und vertreten

Um das Leben meistern zu können, müssen Kinder einerseits lernen sich anzupassen, andererseits ist es aber ebenso notwendig, sich durchsetzen zu können. Das Kunststück besteht vor allen Dingen darin, im rechten Moment herauszufinden, wann Anpassung und wann Widerspruch angebracht ist. Sie sind Ihrem Kind dabei ein wichtiges Vorbild, Ihnen schaut es viele Verhaltensweisen ab und ahmt sie nach.

Anpassung gelingt den meisten Kindern reibungs- und schmerzlos. Anders ist es mit Widerspruch. Gerade Autoritäten gegenüber trauen sich Kinder nicht, berechtigte Interessen durchzusetzen. Das ist aber eine Fähigkeit, die unsere Kinder dringend benötigen. Denn sie sind zunehmend auf sich selbst gestellt und müssen sich in Schule und auf dem Arbeitsmarkt einmal behaupten können. Wer als Kind schon lernt, dass Erwachsene immer Recht haben und Kinder sich anpassen müssen, ändert sich nicht, wenn die Situation dies erfordert. Deswegen ist es notwendig, Kinder rechtzeitig zu ermuntern, die eigene Meinung zu äußern und berechtigte Interessen mit geeigneten Mitteln durchzusetzen. Ihr Kind kann durch Sie spielerisch, durch eine Art von Probehandeln erfahren, welche Reaktionen Widerspruch hervorrufen. So macht Ihr Kind Erfahrungen, die auch dann nicht bestraft werden, wenn es sich im Ton oder in der Wahl der Mittel vertan hat.

Tipp 34

LIEDERKAMPF

Alle Familienmitglieder und Freunde singen sehr laut ein Lied. Aber jeder singt ein anderes Lied. Sie werden sehen, das ist nicht ganz einfach. Achten Sie alle genau darauf, was bei diesem Spiel passiert und besprechen Sie es hinterher. Es kann sein, dass mit der Zeit alle das gleiche Lied singen. Wer hat sich mit seinem Lied gegenüber den anderen durchgesetzt? Woran lag das? Wie lange konnte jeder sein eigenes Lied durchhalten? Warum hat wer aufgegeben?

Tipp 35

HANDTUCHKAMPF

Zwei Menschen stehen mit verbundenen Augen an einem Tisch. Jeder berührt mit einer Hand die Tischkante. Die Hand darf man auch während des Kampfes nicht vom Tisch lösen. In der anderen Hand halten die Kinder ein weiches Küchenhandtuch. Nun schleichen beide um den Tisch, um sich gegenseitig mit dem Tuch zu berühren. Stellen Sie vorher miteinander Spielregeln auf: Wer 3x getroffen wurde, hat den Kampf verloren, oder nach 60 Sekunden wird der Kampf beendet. Bei diesem Spiel darf man so richtig schlagen, ohne Gefahr zu laufen, den anderen zu verletzen. Und wenn Mutter und Kind dieses Spiel spielen, bekommt es einen besonderen Reiz, weil das Kind mögliche Aggressionen gegen einen sonst respektablen Erwachsenen spielerisch loswerden kann.

Tipp 36

ICH MÖCHTE KÖNIG WERDEN

Alle Mitspieler basteln sich eine Königskrone. Außerdem erhalten sie je 6 Klebesterne oder klebende Schmucksteine aus dem Bastelgeschäft, das sind die Juwelen, die sie zunächst einmal in der Hand behalten, um damit zu handeln. Die Kinder gehen, nachdem sie etwas Zeit zum Überlegen gehabt haben, mit ihren Juwelen in der Hand herum und sagen etwa: „Gibst du mir einen Stein ab, ich möchte gerne König werden, weil ich sehr geduldig bin und gut zuhören kann." Die Kinder müssen ihren Wunsch gut begründen. Wer nach einer gewissen, vorher abgesprochenen Zeit die meisten Juwelen besitzt, darf für einen Tag König werden und das Tagesgeschehen eine gewisse Zeit lang bestimmen.

Tipp 37

ANKLAMMERN

Alle Familienmitglieder erhalten 3-5 Wäscheklammern. Sie sollen sich diese Wäscheklammern an die Kleidung stecken, am besten so, dass sie von den anderen nicht besonders gut zu erreichen sind. Diese Wäscheklammern sollen Sie sich dann nämlich gegenseitig stehlen. Dafür brauchen Sie natürlich etwas Bewegungs-

freiheit. Wer eine Wäscheklammer von einem anderen erwischt hat, steckt sie sich an die eigene Kleidung. Nach ein paar Minuten wird gezählt, wer die meisten Klammern hat. Die erwachsenen Mitspieler sollten sich bei diesem Spiel, wegen ihrer körperlichen Überlegenheit, ein wenig zurückhalten.

Tipp 38

ZU ZWEIT EIN BILD MALEN

Zwei Kinder erhalten ein großes Blatt Papier, **einen** Stift und eine gemeinsame Aufgabe: Malt gemeinsam ein Bild, haltet dabei beide den Stift fest, sprecht nicht. Ist die Aufgabe erledigt, werden Erfahrungen ausgetauscht. Wer hat sich bei der Wahl des Motivs durchgesetzt? Haben beide ihre

Ideen verwirklichen können? Mit welchen Mitteln wurden die Ziele verfolgt? Warum hat jemand nachgegeben? Wie hat sich das gezeigt? War das, was passiert ist, für beide so in Ordnung? Hat sich einer geärgert, wenn ja, warum?

Tipp 39

ROLLENSPIELSZENEN FÜR SIE UND IHR KIND

Bitten Sie Ihr Kind, ein paar von Ihnen vorgegebene Szenen zu spielen oder spielen Sie gemeinsam mit Ihrem Kind diese oder andere Konfliktsituationen nach:

- Ein größeres Kind will mir mein Taschengeld wegnehmen, was ist zu tun?
- Ich soll viel zu früh ins Bett.
- Ein Fremder will mich ein Stück begleiten, ich mag das nicht.
- Meine Geschwister prügeln sich ganz schrecklich, ich möchte helfen.
- Eine Tafel Schokolade ist verschwunden, Mama glaubt, ich habe sie genommen.

Tipp 40

DOSENWERFEN

Bauen Sie mit Ihrem Kind Dosen aufeinander auf. Die Kinder stellen sich in einiger Entfernung auf und versuchen, möglichst viele Dosen mit Tennisbällen abzuwerfen. Dabei können auch jüngere Kinder ungefährdet auf Dosen zielen und Erfolgserlebnisse haben.

Tipp 41

VERKAUFEN

Zwei Familienmitglieder bauen einen Floh-
marktstand auf. Dort werden lauter Kleinig-
keiten verkauft, die zwar noch ganz
ansehnlich sind, aber nicht mehr benötigt
werden. Sie sollen „verkauft" werden. Deswegen müssen die Vorteile beschrieben
und ein guter Preis ausgehandelt werden.

Ein oder zwei weitere Familienmitglieder
oder Freunde spielen die Kunden, die sehr
zögerlich sind und überzeugt werden sollen. Es handelt sich natürlich nur um ein
Spiel, bei dem auch nicht mit echtem Geld
bezahlt wird. Anschließend werden die Rollen getauscht.

Tipp 42

HANDPUPPENSPIEL

Sie nehmen zwei Handpuppen und beginnen ein Spiel. Wenn es zwischen den beiden Handpuppen zum Konflikt kommt, brechen Sie das Spiel ab und bitten Ihr Kind, weiterzuspielen. Lassen Sie Ihr Kind immer mehrere Lösungsmöglichkeiten aufzeigen, damit es erkennt, dass es immer verschiedene Lösungen für ein Problem gibt. Beispiel: Hanna baut einen Turm. Timo will mitspielen und fängt einen Streit an.

Lösung: Sie beschließen den Turm gemeinsam weiterzubauen. Sie räumen auf und wählen ein anderes Spiel, das zu zweit auch Spaß macht. Timo bekommt die Bauklötze nach 10 Minuten von Hanna. Die beiden rufen ihre Mutter, die den Streit schlichtet.
Besprechen Sie, welche Lösung die vernünftigste zu sein scheint.

Tipp 43

KONFLIKTSITUATIONEN BESPRECHEN

Suchen Sie einmal in alten Illustrierten oder in eigenen Fotoalben nach Bildern, die Konfliktsituationen zeigen. Betrachten Sie die Fotos mit Ihrem Kind und besprechen Sie, was dort wohl geschehen sein könnte. Wenn der Konflikt beschrieben wurde, sollte Ihr Kind einmal überlegen:

- Mit welcher der Personen kann ich mitfühlen?
- Wie würde ich mich in dieser Situation fühlen?

- Was würde ich gerne ändern?
- Was würde ich sofort tun?
- Welche weiteren Möglichkeiten gibt es?
- Welches ist die beste Lösung?

Mögliche Konfliktsituationen:
- Kinder streiten sich.
- Kinder prügeln sich.
- Ein Kind steht abseits.
- Ein Kind ist hingefallen, andere stehen lachend daneben.

5. Ihr Kind kann anderen helfen

Im Alter von etwa vier Jahren beginnen die Kinder, sich deutlich von ihren Eltern zu lösen. Sie spielen jetzt gerne mit Geschwistern und anderen Kindern und sprühen vor Temperament und Einfallsreichtum. Sie wollen sich mit anderen Kindern messen, um die eigene Stärke und den Selbstwert kennen zu lernen. Das bedeutet, dass Ihr Kind zunächst die eigenen ganz individuellen Bedürfnisse und Vorstellungen erkennen muss. Erst dann, wenn es den eigenen Willen, die eigenen Möglichkeiten erkannt hat, kann es Sensibilität für andere Menschen entwickeln und gemeinsame Interessen wahrnehmen. Wenn es in der Lage ist, eigene Stärken zu erkennen, kann es auch eigene Schwächen akzeptieren. Und wer mit eigenen Schwächen umgehen kann, kann auch andere Kinder mit ihren Schwächen akzeptieren. Das starke Kind kann Hilfe annehmen und Hilfe anbieten, weil es erkennt, dass alle davon profitieren, weil alle Erfolgserlebnisse haben.

Damit Kinder Erfahrungen mit Stärken und Schwächen machen, ist es wichtig, dass sie mit anderen Kindern spielen, sich mit ihnen messen und die Erfahrung machen, dass jeder Mensch über unterschiedliche, ganz individuelle Fähigkeiten verfügt, die nicht jederzeit deutlich sind. Bei ausgewogenem Spiel-, Material- und Raumangebot lernt Ihr Kind, dass es viele Dinge gut und alleine bewältigen kann, dass es Situationen gibt, die sich besser meistern lassen, wenn man die besonderen Fähigkeiten anderer Kinder nutzt und dass es Situationen gibt, in denen man mit den eigenen besonderen Fähigkeiten anderen helfen und sie auch beschützen kann.

Tipp 44

HINDERNISLAUF

Bauen Sie mit den Kindern aus Tischen, Stühlen, Flaschen, Decken usw. einen Hindernisparcours auf. Dieser Parcours muss nun abgelaufen werden. Die Schwierigkeit besteht darin, dass sich, je nach Menge der Mitspieler, zwei oder drei Kinder dabei anfassen sollen und auch bei schwierigen Passagen nicht loslassen dürfen.

IHR KIND KANN ANDEREN HELFEN

Tipp 45

RODEO

Zwei Kinder knien nebeneinander, um einen wilden Stier zu spielen. Ein Kind setzt sich als Reiter auf den Stier und versucht, trotz der wilden Bewegungen sitzen zu bleiben und nicht herunterzufallen. Der wilde Stier bewegt sich nämlich heftig und versucht, seinen Reiter abzuschütteln. Wer runterfällt, übernimmt die Rolle des Stiers.

So bekommt jeder Mitspieler die Gelegenheit als Stier oder Reiter Stärke zu zeigen. Wenn Sie als Eltern die Stierrolle übernommen haben, bekommen die Kinder so die Gelegenheit, den „erwachsenen" Stier zu bändigen oder ihm zumindest etwas entgegenzusetzen, das stärkt das Selbstbewusstsein.

Tipp 46

SEILLAUF

Sie legen ein langes dickes Seil in den Garten. Zwei Kinder laufen barfuß über das Seil. Sie fangen aber an verschiedenen Enden an und müssen versuchen, aneinander vorbeizukommen, ohne dass einer vom Seil abgleitet.

Tipp 47

BALANCE

Ein Kind probiert aus, wie es wohl wäre, wenn es sich ständig auf vier „Füßen" vorwärts bewegen müsste. Ein anderes Kind stört den Vierfüßler durch sanftes Stoßen, Drücken und Schieben. Danach werden die Rollen getauscht. Wer hat sich am längsten auf vier Füßen gehalten?

Tipp 48

RETTUNG NAHT

Alle Mitspieler gehen zu Musik im Raum herum. Einer Person haben Sie vorher unauffällig ins Ohr geflüstert, dass sie zu irgendeinem Zeitpunkt eine Ohnmacht vortäuschen soll. Das tut sie, indem sie laut stöhnend zusammensinkt. Sobald die anderen Kinder sehen, dass da jemand in Ohnmacht zu fallen droht, müssen sie zur Stelle sein und die Ohnmächtige retten. Das bedeutet, dass das Kind aufgefangen oder gestützt werden muss. Es darf nach Möglichkeit nicht hinfallen. Wem es gelungen ist, eine ohnmächtige Person zu retten, erhält einen (selbst angefertigten Papier-) Rettungsorden.

Tipp 49

TURMBAU

Treten Sie zusammen mit Ihren Kindern in einen Turmbauwettbewerb. Jede Mannschaft bekommt 100 Plastikstrohhalme, eine Rolle Tesafilm und die Aufgabe, einen möglichst hohen und stabilen Turm zu bauen. Alle bauen zur gleichen Zeit, die Gruppen sind auch gleich groß. Es können zwei Kinder zusammenarbeiten oder auch mehr. Bei dieser Aufgabe sind viele unterschiedliche Fähigkeiten wie Fantasie, Planungskompetenz und Geschicklichkeit gefragt. Kooperation ist von Vorteil. Die Kinder merken schnell, dass diese Aufgabe gemeinsam am besten zu lösen ist.

Tipp 50

FÜTTERN

Zwei Kinder sitzen mit verbundenen Augen am Tisch gegenüber. Jedes Kind hat eine kleine Schüssel mit Wackelpudding vor sich und einen Löffel in der Hand. Nun füttern sich beide gegenseitig. Dabei müssen sie einfühlsam miteinander umgehen.

Tipp 51

GEMEINSAM SIND WIR STARK

Die Kinder probieren aus, was man zu zweit oder mit Freunden machen kann:

- Zwei Kinder stehen nebeneinander, zwei Beine werden zusammengebunden und die Kinder sollen ein Stück „dreibeinig" laufen.
- Zu zweit nebeneinander in die Hocke gehen, mit einer Hand die Taille des anderen umfassen und eine abgesteckte Strecke zurücklegen.
- Mit mehreren Personen eine Strecke ablaufen und dabei sollen so wenig Füße wie möglich den Boden berühren.
- Sich zu dritt anfassen und möglichst schnell, möglichst viele Bonbons oder Kronkorken vom Boden aufheben. Welches Team schafft die meisten Bonbons in der kürzesten Zeit?
- Möglichst viele Menschen auf einen Stuhl setzen.
- Zu zweit möglichst lange drei Luftballons in der Luft halten.
- Zwei Kinder sitzen Rücken an Rücken, haken sich unter und versuchen aufzustehen.

Tipp 52

HELFERSPIEL

Erzählen Sie Ihrem Kind eine Geschichte, in der es um Situationen geht, in denen Menschen Hilfe benötigen. Die geschilderten Situationen enden immer mit: „...und dann kam... (Name Ihres Kindes) und...“ (Hier erzählt Ihr Kind weiter.)
Wählen Sie Situationen aus, die Ihr Kind jeden Tag erlebt oder in seinem Umfeld erleben könnte. Zum Beispiel:

- Aenne ist wütend, weil Tom sie angerempelt hat. Sie haut ihm eine runter und fängt dann selber vor Wut an zu weinen. Die Erzieherin im Kindergarten nimmt Aenne in den Arm und schimpft mit Tom. Der ist ganz sprachlos und dann kommt ...

- Du bist mit deinem kleinen Bruder/Schwester alleine zuhause. Er will an die Dose mit den Süßigkeiten. Du versuchst es zu verhindern, aber da ist er schon auf einen Stuhl gestiegen und hat dabei eine Vase vom Schrank gestoßen. Er weint bitterlich und ist kaum zu trösten. Er will von dir wissen: was nun...

- Du kommst aus dem Kindergarten und siehst auf der anderen Straßenseite einen kleinen Jungen stehen, der ganz fürchterlich weint. Eigentlich sollst du immer sofort nach Hause kommen. Was tust du...

- Das neue Kind im Kindergarten darf nie mitspielen. Die anderen schicken es immer weg. Du merkst, das Kind braucht Hilfe.

- Im Supermarkt steht eine alte Frau hilflos vor einem Regal. Sie schaut sich um und sucht offensichtlich Hilfe. Außer dir ist aber niemand in der Nähe.

- An der Straße steht ein alter Mann. Er ist behindert und traut sich nicht über die Straße, weil viel Verkehr ist. Dann kommt...

Tipp 53

DER FLIEGENDE TEPPICH

Erklären Sie einen kleineren Läufer in Ihrer Wohnung zum „fliegenden Teppich". So ein fliegender Teppich ist etwas ganz Besonderes. Wenn man ihn betritt, wird man ganz stark und alle Wünsche gehen in Erfüllung. Betreten Sie mit Ihrem Kind gemeinsam den fliegenden Teppich und begeben Sie sich zusammen in das Land der Träume. Was fangen wir mit unseren Kräften an? Wo können wir uns selber, wo anderen helfen? Wen würde Ihr Kind gerne mit auf diesen Teppich nehmen, um ihn/sie zu beschützen?

Tipp 54

EISSCHOLLENTANZ

Mehrere Personen tanzen auf einer Eisscholle, d.h. einem großen Bogen Papier. Da die Sonne scheint, schmilzt die Eisscholle dahin, d.h., der Papierbogen wird immer kleiner gerissen. Wie lange können sich alle MitspielerInnen auf der Scholle halten? Wer wird zuerst heruntergedrängt? Wer bleibt zum Schluss auf der Scholle?

Tipp 55

SCHUBKARRENSPIEL

Bauen Sie draußen einen Hindernisparcours auf. Besorgen Sie eine Schubkarre und eine Stoppuhr. Ein Kind sitzt in der Schubkarre, ein anderes schiebt die Karre, hat aber dabei die Augen verbunden. Das in der Karre sitzende Kind muss nun genaue Anweisungen zum Parcourslauf geben. Sie stoppen die Zeit. Wer es nicht schafft, auf dem Weg zu bleiben, oder wer Gegenstände umstößt oder berührt, dem werden 10 Sekunden zusätzlich zur Zeit angerechnet. Welches Paar bewältigt seine Aufgabe in der kürzesten Zeit?

© 2001 Christophorus-Verlag GmbH
Freiburg im Breisgau

Alle Rechte vorbehalten
Printed in Germany

ISBN 3-419-53435-3

Cover und Layoutentwurf: Network!, München
Layout und Gesamtproduktion: smp, Freiburg
Fotos: Heidi Velten: S. 3, 5, 39;
Hartmut W. Schmidt: S. 14, 23; Ulrich Niehoff: S. 32
Titelfoto: Heidi Velten
Illustrationen: Klaus Puth, Frankfurt
Druck: Himmer, Augsburg

WEITERE TIPPS...

wenn Ihr Kind Selbstvertrauen braucht

Georg Pfeiffer & Ingrid Kluge
Weil ich das schon selber kann
ISBN 3-419-53300-4
DM 26,00 / öS 182,– / sFr 24.–
3. Auflage

Markus Schmid & Bernd Kohlhepp
Keine Angst mehr
ISBN 3-419-53309-8
DM 26,00 / öS 182,– / sFr 24.–